青岛宁夏路小学校本课程教材

我的生活
心做主

WODESHENGHUO
XINZUOZHU

GAO NIANJI BAN
高年级版

焉永红 主编

5

中国海洋大学出版社

·青岛·

图书在版编目（CIP）数据

我的生活"心"做主：高年级版 / 焉永红主编. —青
岛：中国海洋大学出版社，2019.10
ISBN 978-7-5670-2114-3

Ⅰ.①我…　Ⅱ.①焉…　Ⅲ.①心理健康—健康教
育—小学—教学参考资料　Ⅳ.① G444

中国版本图书馆 CIP 数据核字（2019）第 228973 号

出版发行	中国海洋大学出版社
社　　址	青岛市香港东路 23 号
邮政编码	266071
网　　址	http://pub.ouc.edu.cn
出 版 人	杨立敏
责任编辑	孟显丽　刘宗寅
电　　话	0532-85901092
电子信箱	1079285664@qq.com
印　　制	青岛海蓝印刷有限责任公司
版　　次	2019 年 10 月第 1 版
印　　次	2019 年 10 月第 1 次印刷
成品尺寸	185 mm × 260 mm
总 印 张	6.5
总 字 数	66 千
总 印 数	1~1000
总 定 价	30.00 元（共两册）
订购电话	0532-82032573（传真）

发现印装质量问题，请致电 0532-88785354，由印刷厂负责调换。

《我的生活心做主》心理健康教育校本课程教材
编 委 会

顾　　问　刁丽霞　松　梅

主　　编　焉永红

副 主 编　吴德辉　郭　斐

编　　委　焉永红　吴德辉　郭　斐　张秀丽

韩　坤　董　鑫　孙　辛　乔文斌

王　莉

插　　图　叶芄朋　贾晓梦

出版策划　焉永红　刘宗寅

宁宁

夏夏

与我们一起学习的好伙伴！

总序

  现在，心理健康教育越来越受到全社会的重视。孩子们喜欢它，是因为它能够答疑解惑，帮助孩子们健康成长；老师们和家长们喜欢它，是因为它能解决很多孩子成长过程中令人头痛的实际问题，成为老师们和家长们的好帮手。那么，如何真正地做好做优小学生的心理健康教育工作，使其不仅成为老师们和家长们的重要教育策略，更成为孩子们高效优质成长的良师益友呢？摆在我案头的这部书稿，对这个问题做了很好的回答。

  青岛宁夏路小学的领导和老师们矢志不渝地把心理健康教育作为塑造青少年儿童灵魂的工程来抓，开设了具有浓郁学校特色的生活化心理健康教育校本课程，通过对中华传统美德故事及名著名篇的赏析、品味，引导学生不断地拓展知识面，接受民族文化的熏陶，汲取民族精神的营养，使民族文化与民族精神成为自己成长成才的强大动力，这种做法值得赞扬。

  《我的生活"心"做主》心理健康教育校本课程教材是由多位从事心理健康教育的老师，根据丰富的实践工作经验，选用适合孩子们年龄和心理特征的表达性心理治疗技术，特别是通过一些趣味性和拓展性强的表达性艺术活动，编写而成的一套非常实用的生活化心理健康教育教材。我在加拿大访学期间收到这套教材的书稿时，发现这套教材注重传承民族文化、弘扬民族精神，积极引导孩子们形成健康的心理素质和正确的价值观，从而成为一个具有民族灵魂和宽广视野的人，这使我感到十分欣慰。

基础教育是国家造就人才和提高国民素质的奠基工程，心理健康教育则是基础教育的一颗明珠，对于塑造人的心灵、培养人的积极人格具有重要意义。正如德国哲学家雅斯贝尔斯说的那样，"教育的本质意味着，一棵树摇动另一棵树，一朵云推动另一朵云，一个灵魂唤醒另一个灵魂"。我相信，在全社会的共同关心、支持和参与下，心理健康教育工作者一定会不懈努力，用一棵茁壮的树去摇动另一棵树，用一朵圣洁的云去推动另一朵云，用一个美丽的灵魂去唤醒另一个灵魂，使自己成为孩子们健康成长的知心人、贴心人和暖心人。我们能够把孩子们培养成一批批具有健康心理素质、理想人格和创新精神的全面发展的人才，就等于我们把握了希望和未来。

加油，从事心理健康教育工作的老师们！加油，青岛宁夏路小学！

陶明达

2019年夏

（陶明达，教授，硕士生导师，青岛心理与精神健康研究院院长，青岛大学师范学院副院长、心理学系主任）

致同学们

    亲爱的同学们，你们了解什么是健康吗？联合国世界卫生组织（WHO）对健康给出了这样的定义："健康不仅是没有疾病，而且包括躯体健康、心理健康、社会适应良好和道德健康。"可见，健康的含义是多元的。

    一直以来，和诸多学校一样，我们特别重视同学们的身心健康和全面发展，对大家心理健康的情况更是格外关注，为此还专门设置了心理健康教育校本课程。

    "宁夏幸福课"心理健康教育校本课程是从2007年开始设置的，经过不断的"行动反思""调研回访"，基本形成了以"觉察—行动—感悟"为主线的参与式教学模式。自2017年开始，我们对这门校本课程进行了再一次的设计升级，在原有探究的基础上，根据小学生不同阶段的成长特点，进一步融合了中华传统文化教育以及国内外生命教育、儿童哲学教育等方面的经验，形成了新的课程内容。在不断的实践过程中，我们认为应该将这样的课程内容整理成校本教材，便于同学们和老师们使用，以不断地推动学校心理健康教育向系统化、高水平发展。于是，我们组成了由专家做顾问、一线老师做编写者的教材编写委员会。我们希望利用来自同学们日常生活和贴近大家心灵的素材，运用音乐疗法、绘画疗法、沙盘辅导、校园心理剧疗法以及绘本叙事疗法等系列表达性的心理团体辅导方式，通过简单易懂的文字表述与图文并茂的版面设计，编写出受同学们欢迎的心理健康教育教材，让大家在潜移默化和润物细无声中身心受益，感受生命的活力，感触心理的成长，感悟心灵的拔节，为幸福的人生打下坚实的基础！

现在，当这套《我的生活"心"做主》校本课程教材呈现在同学们面前时，每一位编写者的内心都激动不已。这套教材凝聚着所有编写人员的智慧与心血，体现着大家孜孜以求的精神和积极进取的信念；也正是这种精神和信念，使这套教材能够几易其稿而最终得以出版。编写过程中，我们得到了青岛市市南区教育研究中心领导和专家的大力支持与悉心指导，并参考了大量资料，借此机会向领导、专家和资料编写者们表示诚挚的谢意！

《我的生活"心"做主》这套心理健康教育校本课程教材的出版，象征着我们学校在心理健康教育"上下求索"的道路上迈出了坚实的一步，但前面的路还很长很远。我们期冀同学们在使用这套教材的过程中随时对其进行补充、完善，成为心理健康教育这门课程的建设者。同时，我们也十分希望能够得到同行们与专家们的悉心指教，对此我们将不胜感激。

健康人生，从"心"而起，愿同学们一生康乐！

青岛宁夏路小学校长　焉永红

2019年8月

目录

第一课　我的奇幻色彩

拨 动心弦

你发现了吗？在我们的身边有爱说爱笑活泼的人，有默不作声文静的人，有风风火火急性子的人，还有平平稳稳慢性子的人……每个人都有自己独特的性格特点和性格表现。心理学家把人的性格用不同的色彩表示出来，分成红、黄、蓝、绿四种颜色。

你想知道自己是什么颜色的性格吗？你想了解自己的性格特征吗？

心 动行动

我们一起做个心理测试吧。

心理测试结果

A表示红色性格

B表示黄色性格

C表示蓝色性格

D表示绿色性格

你觉得自己是什么颜色的性格，具体表现是什么？把自己的看法和小伙伴们交流一下吧。

我是蓝色性格，我非常注重细节……

我是绿色性格，我非常在意别人的评价……

我是红色性格，我活泼开朗……

我是黄色性格，我做事注重目标性……

你认识他们吗？这师徒四人分别具有怎样的性格？

四个不同性格的人组成了一个团队，历经九九八十一难去西天取经。你觉得这是一个怎样的团队？

原来，每个人的性格既有"优点"也有"缺点"。有人说，每个人性格的"缺点"都是性格的"优点"的极端表现形式。

没有完美的个人，只有完美的团队！

我思我写

我是＿＿＿＿＿＿色性格，我的性格特点是＿＿＿＿＿＿＿＿＿＿＿＿＿＿＿。

我最喜欢自己＿＿＿＿＿＿＿＿＿＿＿＿＿＿＿＿＿＿＿＿＿＿，

我会在＿＿＿＿＿＿＿＿＿＿＿＿＿＿＿＿＿＿＿＿方面加油！

点亮心灯

推荐大家阅读《颜色的战争》。

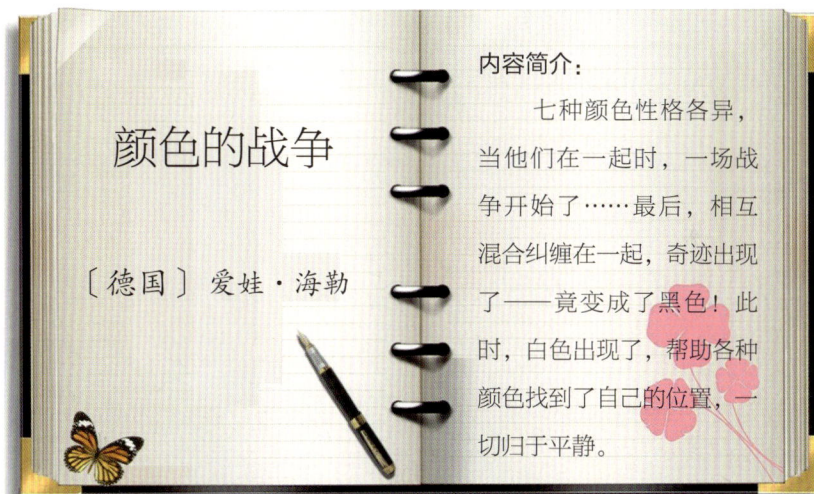

颜色的战争

〔德国〕爱娃·海勒

内容简介：

　　七种颜色性格各异，当他们在一起时，一场战争开始了……最后，相互混合纠缠在一起，奇迹出现了——竟变成了黑色！此时，白色出现了，帮助各种颜色找到了自己的位置，一切归于平静。

　　在一片颜色战争中，"白色"出现了。他做了什么事让大家和平共处了？读了这一绘本，你的感受是什么？

　　每一种颜色都很美，每一种性格也都有其靓丽的一面。让我们为自己独特又靓丽的性格鼓掌吧！

幸福锦囊

性格色彩学分析

A 活泼型（红色）特点：博爱，热心，积极，阳光；喜欢语言表达；人际交往中容易成为焦点；好奇心强，持久力需要加强；具有探索精神和能力。很多科学家具有红色性格。

B 力量型（黄色）特点：目标性和行动力很强，做事意志坚定且有活力，遇到困难不易气馁，是推动别人行动的人；人际交往中组织能力优秀，但是容易让人感到有压力。很多优秀的政治家和领导人都具有黄色性格。

C 完美型（蓝色）特点：喜欢思考，做事有计划、有条理；注重细节，追求完美；有艺术天分，重感情；非常在意他人眼中的自己；相对于其他性格的人，言行动力较弱；容易被情绪左右。

D 和平型（绿色）特点：喜欢"平淡是真，稳定是福"的生活；好奇心弱；人际关系优，属于人际交往中的"和事佬"角色；与其他性格的人相比，是最佳的聆听者。

★性格具有复杂的结构特征，每个人都具有红、黄、蓝、绿性格的特点，只是各种颜色的性格所占比例不同而已。心理学上将占比例大的性格称为主要性格，将占比例小的性格称为次要性格。性格具有整体稳定性，但也有一定程度的可塑性。

认识自己的性格，发挥性格的优势，可以让自己的生活变得更加美好。

探索小博士：发挥"红色"的探索精神，运用"蓝色"的思考力和"黄色"的毅力认知自我，助你更好地自我成长。

学习小达人："红色"的求知欲＋"蓝色"的一丝不苟的学习态度＋"黄色"的目标＋"绿色"的持久力，助你高效学习。

人际小明星："红色"的热情＋"蓝色"的专一、深情＋"绿色"的最佳倾听能力，助你拥有更多的朋友。

情绪小主人："黄色"的抗挫性＋"蓝色"的执着性＋"绿色"的"知足常乐"的人生观，助你当好情绪的小主人。

舒 心生活

学习了奇幻色彩，你对自己是不是有了新的认识？制订一周的人际交往小计划并积极行动起来，你将会收获大大的惊喜。加油吧，阳光少年！

我的计划

第二课 信任同行

下面讲的是一个关于信任的小故事。请你读一读，想一想。

萍萍，我用所有的石子换你所有的糖果，怎么样？

好呀！

留下一块最漂亮的，反正萍萍也不知道。

明明，全给你。

晚上，萍萍一夜睡得很香。

萍萍是不是也跟我藏石子一样，把好吃的糖果藏起来了？

明明辗转难眠……

6

心 动行动

信任在你的心中是什么样子？画画自己心中的信任。

我们来玩个"信任之旅"小游戏吧！全班同学分组进行，每两人为一组，其中一人扮演"盲人"，另外一人扮演"哑人"，两人共同完成老师布置的秘密任务。

不同的角色，不同的体验，不同的感受。已经完成任务的你一定有很多话想说，那就和大家交流一下吧！

在刚才的活动中，
我有点小紧张……

我的同伴用语言
鼓励我，我很安心。

我觉得……

我们顺利完
成了任务，是因
为……

现在，信任在你心中的样子发生了怎样的改变？请添加或者修改你之前画的信任。

点 亮心灯

请阅读中华小故事。

"立木为信"与"烽火戏诸侯"

战国时，秦国的商鞅在秦孝公的支持下主持变法。当时处于战争频繁、人心惶惶之际，为了树立威信、推进改革，商鞅下令在都城南门外立一根三丈高的木头，并当众许下诺言：谁能把这根木头搬到北门，便赏金十两。围观的人不相信做如此轻而易举的事便能得到如此高的赏赐，结果没人肯出手一试。于是，商鞅将赏金提高到五十金。重赏之下必有勇夫。终于有人站出来将木头扛到了北门，商鞅立即赏了他五十金。商鞅的这一举动在百姓心中树立起了威信，而商鞅接下来的变法也就很快在秦国推广开了。新法使秦国渐渐强盛起来，秦国最终统一了中国。

而同样在商鞅"立木为信"的地方，早在400年前曾发生过一场令人啼笑皆非的"烽火戏诸侯"的闹剧。

周幽王有个宠妃叫褒姒。为博取褒姒一笑，周幽王下令在都城附近20多座烽火台上点起烽火——烽火是边关报警的信号，只有在外敌入侵需要召唤诸侯来救援的时候才能点燃。诸侯们见到烽火，率领兵将们匆匆赶到。当他们知道这是君王为博妻一笑而耍出的花招时，便愤然离去。褒姒看到平日威仪赫赫的诸侯们手足无措的样子，终于开心地笑了。五年后，西夷太戎大举攻周，幽王烽火再燃时诸侯们却未到——谁也不愿再上一次当。结果，幽王被逼自刎，而褒姒也被俘虏。

一个"立木取信"，一诺千金；一个戏玩"狼来了"，拿信任开玩笑。结果，前者变法成功，国强势壮；后者自取其辱，身死国亡。可见，"信"对一个国家的兴衰存亡起着非常重要的作用。这正如老子所说，"人无信不立，业无信不兴，国无信则衰"。

幸福锦囊

信任的五个C

CARE——关怀

COURAGE——勇气

COMPETENCY——相关能力

CLEAREX——清楚的期望

CONSISTENCY——持续一致

你学会如何与"信任"同行了吗？这"五个C"一定会帮到你：懂得安慰别人，关心别人；注重自身形象，做好自己的能量储备；为人诚实稳重，言谈举止低调谦和；勇于面对困难和挑战……

在生活中不断完善自我，相信你会成为大家信任的好伙伴！

舒 ❤ 心生活

生活中的你打算如何与信任同行？

做一次"守护天使"，守护你的同伴一个星期、一个月，并记录你的想法。之后，你会发现自己变得更加……

守护一天	
守护一周	
守护一个月	
我的感受	

第 三 课 换个角度，闪亮人生

仔细观看下面的图，你看到了什么？可以变换角度噢！

题西林壁

〔宋〕苏轼

横看成岭侧成峰，

远近高低各不同。

不识庐山真面目，

只缘身在此山中。

你看到的内容为什么会有不同？读读古诗，谈谈你的想法。

心 动行动

学会在生活中换个角度看问题，你会有哪些意想不到的发现？

换个角度看风景……

换个角度看别人……

换个角度看自己……

在和别人的交往中，总会有一些难忘的记忆。回想一件令你印象深刻的经历，把它简单地写出来。

我遇到的不愉快的事情：

_____

_____

_____

想象着和你发生矛盾的那个人坐在这把椅子上。接下来，请你站在这把椅子的后方，一只手放在椅子背上，与椅子上的"他"进行"对话"；然后与椅子上的"他"交换位置，转换角色，继续"对话"，体验不同的感受。

"对话"之后，回想那件令你不愉快的人和事，你有了什么新变化？

我的心情没有那么糟了……
原来他是这样想的……
我好像也有做得不对的地方……
……

点 亮心灯

做个填空小游戏，与同学们交流你的看法。

富贵不全

富贵无边

中国有一位著名的国画家俞仲林，他擅长画牡丹。有一次，有一个人慕名向俞仲林要了一幅他亲手绘制的牡丹图。回去以后，他高兴地把画挂在客厅里。此人的一位朋友看到了，大呼不吉利，因为这朵牡丹没有画完全，缺了一边，而牡丹代表富贵，缺了一边，岂不是"_____"吗？此人一看也大为吃惊，认为牡丹缺了一边有些不妥，便把画送回去准备请俞仲林重画一幅。俞仲林听了他的理由，灵机一动告诉此人，既然牡丹代表富贵，那么缺一边不就是"_____"了吗？此人听了他的解释，觉得有理，又高高兴兴地捧着画回家了。

阅读绘本故事《我绝对绝对不吃番茄》。

我绝对绝对不吃番茄

〔英国〕罗伦·乔尔德

内容简介：

爸爸、妈妈给查理哥哥一个任务——哄劳拉吃东西。劳拉是一个非常挑食的家伙，她不吃胡萝卜，不吃豌豆，不吃土豆，而且她绝对绝对不吃番茄……查理哥哥用了一个好办法完成了任务。

幸福锦囊

最后，劳拉为什么吃掉了她绝对绝对不吃的东西？谈谈你的读后感。

> 任何事情都不是绝对的，就看你怎么去对待它。换个角度看问题，常常能够使我们豁然开朗、柳暗花明。
>
> 生活中，学会换个角度看问题，学会换位思考，你就会多一分理解、多一分包容，你将拥有更多的快乐和幸福。

舒心生活

开展一次"今天我当家"活动，做一天"爸爸"或"妈妈"。注意打理好各种家务，照顾好你的"孩子"噢！

我的安排

第四课　我为我骄傲

同学们在讨论什么？他们为什么会有这样的烦恼？

同位说我唱歌跑调，我越来越不喜欢唱歌了。

我觉得我长得不漂亮……

我不敢在人多的地方说话……

我的想法对吗？算了，还是不举手回答问题了……

这些都是不自信的表现呀！

你自信吗？让我们做个关于自信的小测试吧。

其实，自信心是可以通过练习提升的！

心 动行动

一起做"美丽手掌图"小游戏。

游戏规则：

1. 将你的左（右）手手指分开，平放在白纸上，用彩笔画出你的手掌轮廓。

2. 在手掌图的手指上面写下自己的优点，数量不限。

3. 小组成员之间交换手掌图，彼此在手掌图上添加优点。

看了同学们给自己添加的优点，你有什么感受？

我们再做一个"我为我骄傲"游戏。

活动规则：

请从手掌图中选择自己认为最值得自豪的优点，对小组同学大声说三遍，并体会当下的感受。

告诉自己"我是"最棒的！

和之前相比，现在，你如何看待自己了？

我思我写

点 亮心灯

请大家阅读下面这个小故事。

忘掉你的龅牙

有位女孩子有一副美妙动听的歌喉，但却长着一口龅牙。有一次，她去参加唱歌比赛，因为她只想着遮掩那口龅牙，动作极其难看，弄得全场观众、评委笑声不断，结果她失败了。有位评委认为她的音乐潜质极佳，便到后台找到她，认真地告诉她："你肯定会成功，但要忘掉你的牙齿。"在伯乐的帮助下，女孩慢慢走出了龅牙的阴影。后来，她在一次全国性大赛中，以极富个性化的表演和歌唱倾倒了观众和评委，脱颖而出。

经过这次比赛，歌迷们都赞美她，说她的牙齿长得很漂亮。她，就是——卡丝黛莉，美国著名的歌唱家。她的龅牙和她的名字一样有名。

——选自《少年文艺》（2014年10月刊）

我们拥有自信心之后，不经意间，会使那些原本不能被轻易解决的问题也能得以顺利的解决，从而感受到成功的滋味。

自信对我们的生活非常重要。自信能够给人以力量，给人以快乐。

幸福锦囊

我也有增强自信的小妙招。

相信自己能行。经常自我激励："我是最好的，我是最棒的。"做事前，与人交往前，特别是遇到困难时，要果断、反复地默念这句话，鼓舞自己的斗志，增加自己的心理力量，使自己逐渐树立起自信心。

保持精神风貌。漂亮的仪容仪表能够得到别人的夸奖和好评，改变人的精神面貌和提升人的自信心。所以，你要学会扮靓自己，保持良好的仪容仪表。当你的仪容仪表得到别人的夸赞时，你的自信心一定会油然而生。

敢于引人注目。让别人注意到你，不要害怕自己成为焦点。例如，有意识地坐在会议室或者教室里显眼的地方，拉近你与台上老师的距离，赢得老师和同学们的赏识，激发自信心，集中注意力。

学会正视别人。克服胆怯和心虚，提高自己的胆识。和别人交往的时候，放松心态，大大方方地正视别人；用温和的目光与别人打招呼，用点头表示问候；用聚精会神、专心致志的倾听表示对他人的理解与支持。这样做，不但能增强你的亲和力，而且能为你赢得别人的信任，强化你的自信心。

坚持当众说话。当众说话是建立自信心最快的手段。在课堂上或公开场合勇敢地表达自己的见解，大胆地说出自己的想法，相信大家都会为你鼓掌。这样做，在增强自信心的同时，还能增加你的知识、锻炼你的勇气。

相信你也有不少小妙招！在今后的生活中，希望你不断学习，完善自己，让自己变得更加自信。

舒 心生活

写一句自我激励的话贴在家中最醒目的地方，每天早晨大声念三遍，持续一个月，同时记录这段时间里的"骄傲成长瞬间"。

时间	地点	骄傲事件记录	感受

第五课 面对欺负

小刚也被他欺负过。见到"大魔王"，咱们要赶紧躲开。

最近，班里来了一位"大魔王"，小明经常被他欺负得哭鼻子。

你有过类似经历吗？当你感到被欺负时，心里是怎么想的？

写一写、画一画当时的感受。

21

心 动行动

面对欺负，大家的表现不一样。走进心灵剧场，我们来演一演。

活动要求：

1. 小组合作创作心理剧《面对欺负的小明》。

2. 小组成员轮流扮演"小明"，并给"小明"出主意。

3. 每位同学分别用自己的方式进行表演。

4. 总结成功体验并分享收获、感悟。

通过表演，你对"如何面对欺负"有了怎样的看法？请和大家交流一下。

对比之前你写的和你画的，有没有需要修改或添加新内容的地方？

你知道吗？欺负包含身体欺负、语言欺负、关系欺负三个方面。找找看，我们的校园里有没有这些"欺负"呢？

身体方面	言语方面	关系方面

该如何应对这些欺负呢？智慧的你一定有办法。把你的妙招放到"智慧库"里，与大家分享。

智慧库

小孩，闪开！

请大家学用"智慧库"里的小妙招，应对欺负吧。

我对大哥哥说：_____

我对小弟弟说：_____

点 亮心灯

阅读《胆小的威利》，体会威利是怎样让自己变得强大的。

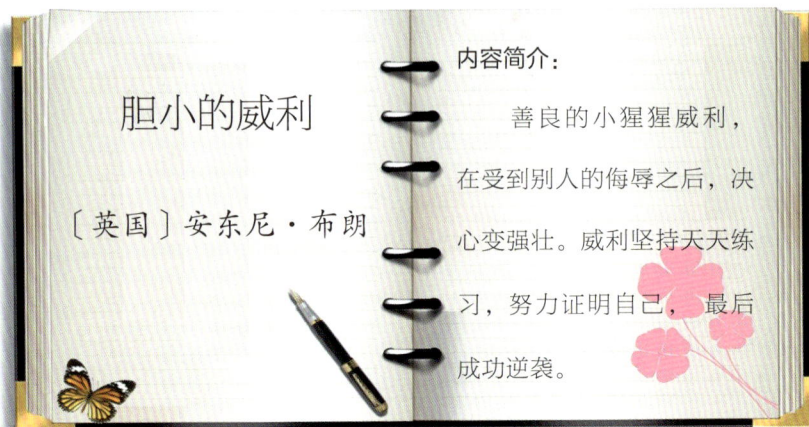

胆小的威利

〔英国〕安东尼·布朗

内容简介：

善良的小猩猩威利，在受到别人的侮辱之后，决心变强壮。威利坚持天天练习，努力证明自己，最后成功逆袭。

幸福锦囊

1. 永远记住人身安全是第一位的！不要采取极端的行为，使欺负行为升级。

2. 要具有充分的自信，用平静而坚定的态度拒绝欺负行为。

3. 加强体育锻炼，让自己的身体强壮起来。

4. 生活中，与品行端正的同学为友。

5. 及时远离冲突，必要时要机智求救。例如，可以大声喊"我被欺负了，救救我"，将自己的处境表达出来；用嘴不能表达的时候，可以学着用其他方式表达。

舒 心生活

请记录生活中使自己"强大"的点点滴滴。

我的生活记录

第六课　生命的价值

让我们一起走进生命世界。

你眼中的生命是怎样的？

心 动行动

石头有生命吗？请你参加一个活动。双手捧着或者握着你准备好的小石头，闭上眼睛，伴随着音乐，跟着老师的描述来想象……

假如这块小石头代表你，是你的"心灵石"，你喜欢它的什么？你希望它的哪些方面得到改善？

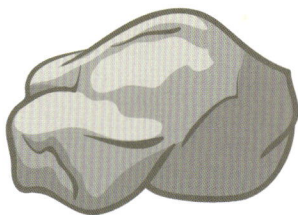

"心灵石"中有一些你认为的小"瑕疵"，请用你喜欢的方式对它进行装扮，让手中的它更加美丽。

27

生活中，怎样做才能让自己变得像"心灵石"一样令人满意呢？

在小组里展示经你装扮的"心灵石"，同时与同学们交流一下你对上面这个问题的看法。

我要经常锻炼身体，让自己更健康。

我要养成经常读书的好习惯，让自己知识渊博。

我要主动交朋友，和大家一起玩耍。

点 亮心灯

阅读绘本《活了一百万次的猫》。

活了一百万次的猫

〔日本〕佐野洋子

内容简介：

有一只活了一百万次的猫，它死过一百万次，也活过一百万次。它是一只有老虎斑纹、很气派的猫。有一百万个人疼爱过这只猫，也有一百万个人在这只猫死的时候为它哭泣。但是，这只猫却从没掉过一滴眼泪。直到有一次……

猫活了一百万次，哪一次使它感到最刻骨铭心？你知道这是为什么吗？

幸福锦囊

生命是灿烂的，是美丽的；生命也是脆弱的，是短暂的。我们要懂得生命、珍爱生命，让我们生命中的每一天都更加充实、更加精彩！

"生命的真谛是什么？"在历史长河中，人们一直在思索这个问题。很多智者对这个问题给出了自己的答案。

一个人的价值，应该看他贡献什么，而不应当看他取得什么。

——爱因斯坦

人的生命是有限的，可是为人民服务是无限的，我要把有限的生命投入到无限的为人民服务之中去。

——雷锋

生命如流水，只有在他的急流与奔向前去的时候，才美丽，才有意义。

——张闻天

生当作人杰，死亦为鬼雄。

——李清照

你若要喜爱你自己的价值，你就得给世界创造价值。

——歌德

舒 心生活

我们来做"蛋宝宝成长记"游戏吧。选择一个"蛋宝宝",给它起名,为它安家,和它对话,伴它玩耍,带它洗澡,哄它睡觉……让我们一起呵护生命,体会生命的价值。

日期	蛋宝宝成长日记
第一天	
第二天	
第三天	
第四天	
第五天	
第六天	
第七天	
我的感受	

第七课 社会是什么

拨 动心弦

妈妈对我说，学校和家庭之外的生活圈就是社会。

我认为班级也是个小社会。

你觉得社会什么样？

31

心 动行动

我们来讨论一下什么是社会。

我认为一群人构成了社会。

我们就处在社会中。

有人就有社会啊！

社会里面也有规则。

你眼中的社会是什么样子的？大家以小组为单位，选择一个场景，共同绘制一幅"社会图"。

请把"社会图"展示出来，让大家分享你们组绘制的图的魅力。

点 亮心灯

阅读下面这篇美文，谈谈自己的感想。

做一片美丽的叶子

金 波

远远望去，那棵大树很美。

树像一朵绿色的云，从大地上升起。

我向大树走去。

走近树的时候，我发现，枝头上的每一片叶子都很美。每一片叶子形态各异——你找不到两片相同的叶子。

无数片不同的叶子做着相同的工作，把阳光变成生命的乳汁奉献给大树。

绿叶为大树而生。春天的时候，叶子嫩绿；夏天的时候，叶子肥美；秋叶变黄；冬日飘零——回归大树地下的根。

大树把无数的叶子结为一个整体。

无数的叶子在树上找到了自己的位置。

我们每个人都像叶子，为生活的大树输送着营养，让它茁壮、葱翠。大树站在太阳和土地之间。

每一棵大树都很美，每一片叶子都很美。

为了我们的大树，做一片美的叶子吧！

幸福锦囊

社会就像一棵大树，把人和人紧密地联系在一起。社会因为你的美好而美好。所以，完善个人的成长，塑造最美的自己，人人奉献自己的爱与责任，那么我们的社会也会更加完美。

从古至今，人们都希望有一个优美的生活环境，就像陶渊明笔下的桃花源那样。那就让我们一起读读《桃花源记》吧。

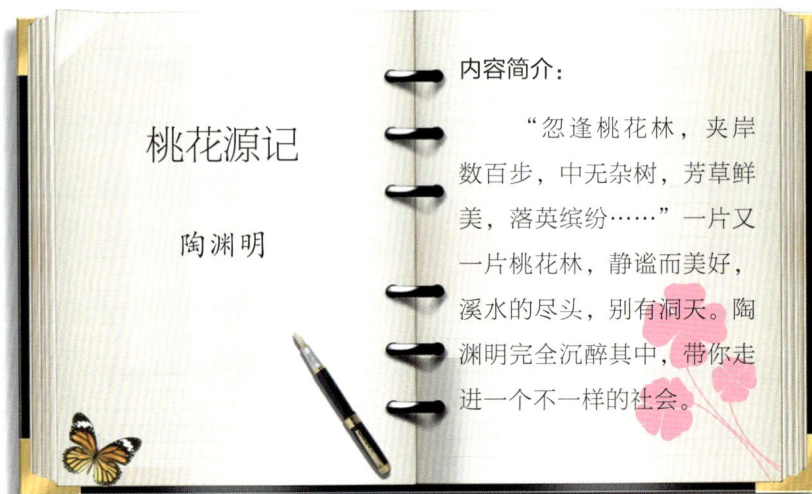

桃花源记

陶渊明

内容简介：

"忽逢桃花林，夹岸数百步，中无杂树，芳草鲜美，落英缤纷……"一片又一片桃花林，静谧而美好，溪水的尽头，别有洞天。陶渊明完全沉醉其中，带你走进一个不一样的社会。

每个人心中都有自己的"桃花源"，你心目中的"世外桃源"又是什么样子呢？

舒 心生活

做一些美好的事情，让我们的社会成为人人向往的"桃花源"。

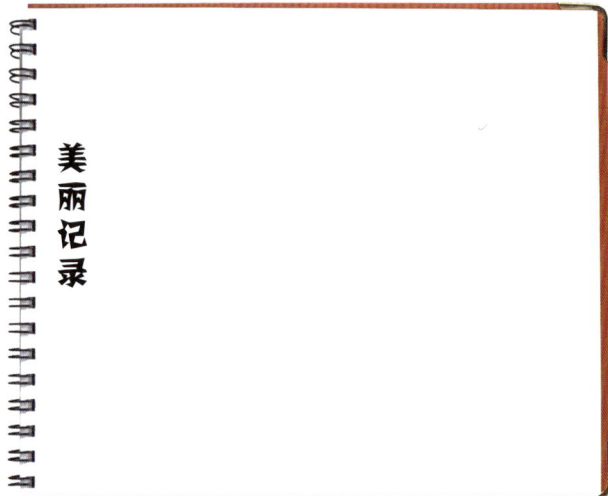

美丽记录

第八课　生活是什么

　　每天，大家一起上课，一起活动，一起欢笑，在学习与生活中有着丰富的体验。那么，生活到底是什么？怎样才能更加快乐幸福地生活呢？

　　每天都有收获，每天都很快乐，生活会更加美好。

　　积极参与各种活动，增长本领，这样很快乐。

　　我认为，拥有很多朋友，可以让生活更幸福。

　　我认为……

35

心 动行动

现在的生活在你心中是什么样子？把它画下来吧。

未来生活是怎样的？闭上眼睛，在优美的音乐声中，想象20年后：

你的样子……

你的工作……

你的生活……

我们长大了

"看"到未来的你了吗？再画画未来你的生活吧。

未来的生活让人充满期待。请把你的画贴到自己的胸前，用你的"新身份"和大家打个招呼，介绍一下未来的你。

美好的生活需要我们去创造，为此，你需要做出哪些努力？

点 亮心灯

请阅读绘本《在森林里》。

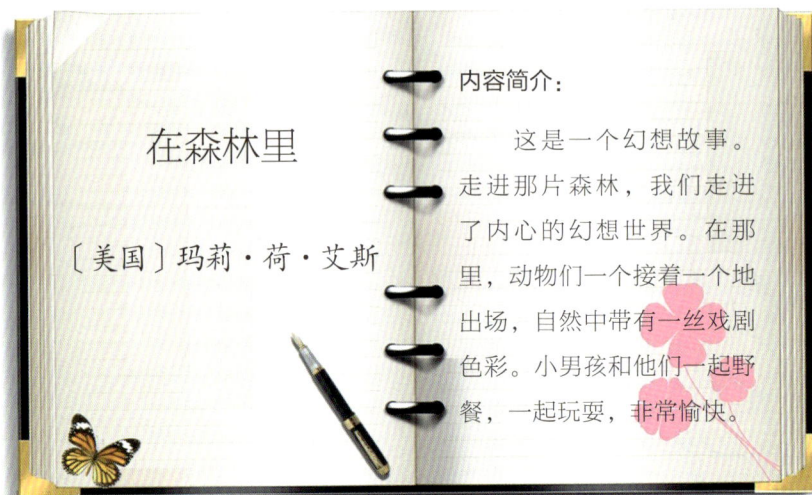

在森林里

〔美国〕玛莉·荷·艾斯

内容简介：

这是一个幻想故事。走进那片森林，我们走进了内心的幻想世界。在那里，动物们一个接着一个地出场，自然中带有一丝戏剧色彩。小男孩和他们一起野餐，一起玩耍，非常愉快。

书中描写的生活乐趣很多，谈谈你最感兴趣的是什么。

走进那片森林，你能看到很多很多风景。

 幸福锦囊

幸福是人们最想要的，是人们追求的一个目标。所有人都想拥有快乐幸福的生活，但是我们要明确：

1. 幸福的创造者是自己，幸福的发掘者仍然是自己。

2. 每个人的幸福是不同的，有多少人就有多少种幸福。

3. 善于发现自己身边的幸福，这样自己就会越来越快乐。

4. 对任何人来说，生活都不是一帆风顺的，我们要勇于面对现实中的不完美，用自己的行动让生活好起来。

5. 你才是你生活的主角，努力学习，不断进步，人人都可以获得成功。

——摘自《幸福是什么》

（〔法国〕奥斯卡·柏尼菲，接力出版社，2011年版）

舒 心生活

幸福的生活需要从现在开始创造。给自己建立一个"幸福储蓄罐"吧，每天向其中投入一个"微笑"，积累当下的美好。

青岛宁夏路小学校本课程教材

我的生活
心做主

WODESHENGHUO
XINZUOZHU

GAO NIANJI BAN
高年级版

焉永红 主编

6

中国海洋大学出版社
·青岛·

图书在版编目（CIP）数据

我的生活"心"做主：高年级版／焉永红主编. —青岛：中国海洋大学出版社，2019.10

ISBN 978-7-5670-2114-3

Ⅰ.①我… Ⅱ.①焉… Ⅲ.①心理健康—健康教育—小学—教学参考资料 Ⅳ.① G444

中国版本图书馆 CIP 数据核字（2019）第 228973 号

出版发行	中国海洋大学出版社
社　　址	青岛市香港东路 23 号
邮政编码	266071
网　　址	http://pub.ouc.edu.cn
出 版 人	杨立敏
责任编辑	孟显丽　刘宗寅
电　　话	0532-85901092
电子信箱	1079285664@qq.com
印　　制	青岛海蓝印刷有限责任公司
版　　次	2019 年 10 月第 1 版
印　　次	2019 年 10 月第 1 次印刷
成品尺寸	185 mm × 260 mm
总 印 张	6.5
总 字 数	66 千
印　　数	1~1000
总 定 价	30.00 元（共两册）
订购电话	0532-82032573（传真）

发现印装质量问题，请致电 0532-88785354，由印刷厂负责调换。

《我的生活心做主》心理健康教育校本课程教材
编 委 会

顾　　问　刁丽霞　松　梅

主　　编　焉永红

副 主 编　吴德辉　郭　斐

编　　委　焉永红　吴德辉　郭　斐　韩　坤

　　　　　张秀丽　董　鑫　孙　辛　乔文斌

　　　　　王　莉

插　　图　叶芃朋　贾晓梦

出版策划　焉永红　刘宗寅

宁宁

夏夏

与我们一起学习的好伙伴！

总序

　　现在，心理健康教育越来越受到全社会的重视。孩子们喜欢它，是因为它能够答疑解惑，帮助孩子们健康成长；老师们和家长们喜欢它，是因为它能解决很多孩子成长过程中令人头痛的实际问题，成为老师们和家长们的好帮手。那么，如何真正地做好做优小学生的心理健康教育工作，使其不仅成为老师们和家长们的重要教育策略，更成为孩子们高效优质成长的良师益友呢？摆在我案头的这部书稿，对这个问题做了很好的回答。

　　青岛宁夏路小学的领导和老师们矢志不渝地把心理健康教育作为塑造青少年儿童灵魂的工程来抓，开设了具有浓郁学校特色的生活化心理健康教育校本课程，通过对中华传统美德故事及名著名篇的赏析、品味，引导学生不断地拓展知识面，接受民族文化的熏陶，汲取民族精神的营养，使民族文化与民族精神成为自己成长成才的强大动力，这种做法值得赞扬。

　　《我的生活"心"做主》心理健康教育校本课程教材是由多位从事心理健康教育的老师，根据丰富的实践工作经验，选用适合孩子们年龄和心理特征的表达性心理治疗技术，特别是通过一些趣味性和拓展性强的表达性艺术活动，编写而成的一套非常实用的生活化心理健康教育教材。我在加拿大访学期间收到这套教材的书稿时，发现这套教材注重传承民族文化、弘扬民族精神，积极引导孩子们形成健康的心理素质和正确的价值观，从而成为一个具有民族灵魂和宽广视野的人，这使我感到十分欣慰。

基础教育是国家造就人才和提高国民素质的奠基工程，心理健康教育则是基础教育的一颗明珠，对于塑造人的心灵、培养人的积极人格具有重要意义。正如德国哲学家雅斯贝尔斯说的那样，"教育的本质意味着，一棵树摇动另一棵树，一朵云推动另一朵云，一个灵魂唤醒另一个灵魂"。我相信，在全社会的共同关心、支持和参与下，心理健康教育工作者一定会不懈努力，用一棵茁壮的树去摇动另一棵树，用一朵圣洁的云去推动另一朵云，用一个美丽的灵魂去唤醒另一个灵魂，使自己成为孩子们健康成长的知心人、贴心人和暖心人。我们能够把孩子们培养成一批批具有健康心理素质、理想人格和创新精神的全面发展的人才，就等于我们把握了希望和未来。

加油，从事心理健康教育工作的老师们！加油，青岛宁夏路小学！

陶明达

2019年夏

（陶明达，教授，硕士生导师，青岛心理与精神健康研究院院长，青岛大学师范学院副院长、心理学系主任）

致同学们

　　亲爱的同学们，你们了解什么是健康吗？联合国世界卫生组织（WHO）对健康给出了这样的定义："健康不仅是没有疾病，而且包括躯体健康、心理健康、社会适应良好和道德健康。"可见，健康的含义是多元的。

　　一直以来，和诸多学校一样，我们特别重视同学们的身心健康和全面发展，对大家心理健康的情况更是格外关注，为此还专门设置了心理健康教育校本课程。

　　"宁夏幸福课"心理健康教育校本课程是从2007年开始设置的，经过不断的"行动反思""调研回访"，基本形成了以"觉察—行动—感悟"为主线的参与式教学模式。自2017年开始，我们对这门校本课程进行了再一次的设计升级，在原有探究的基础上，根据小学生不同阶段的成长特点，进一步融合了中华传统文化教育以及国内外生命教育、儿童哲学教育等方面的经验，形成了新的课程内容。在不断的实践过程中，我们认为应该将这样的课程内容整理成校本教材，便于同学们和老师们使用，以不断地推动学校心理健康教育向系统化、高水平发展。于是，我们组成了由专家做顾问、一线老师做编写者的教材编写委员会。我们希望利用来自同学们日常生活和贴近大家心灵的素材，运用音乐疗法、绘画疗法、沙盘辅导、校园心理剧疗法以及绘本叙事疗法等系列表达性的心理团体辅导方式，通过简单易懂的文字表述与图文并茂的版面设计，编写出受同学们欢迎的心理健康教育教材，让大家在潜移默化和润物细无声中身心受益，感受生命的活力，感触心理的成长，感悟心灵的拔节，为幸福的人生打下坚实的基础！

现在，当这套《我的生活"心"做主》校本课程教材呈现在同学们面前时，每一位编写者的内心都激动不已。这套教材凝聚着所有编写人员的智慧与心血，体现着大家孜孜以求的精神和积极进取的信念；也正是这种精神和信念，使这套教材能够几易其稿而最终得以出版。编写过程中，我们得到了青岛市市南区教育研究中心领导和专家的大力支持与悉心指导，并参考了大量资料，借此机会向领导、专家和资料编写者们表示诚挚的谢意！

《我的生活"心"做主》这套心理健康教育校本课程教材的出版，象征着我们学校在心理健康教育"上下求索"的道路上迈出了坚实的一步，但前面的路还很长很远。我们期冀同学们在使用这套教材的过程中随时对其进行补充、完善，成为心理健康教育这门课程的建设者。同时，我们也十分希望能够得到同行们与专家们的悉心指教，对此我们将不胜感激。

健康人生，从"心"而起，愿同学们一生康乐！

青岛宁夏路小学校长　焉永红

2019年8月

目录

第一课 幸福成长小升初

拨动心弦

同学们，就要小学毕业了。到那时，咱们将告别美丽的校园，告别朝夕相处的老师和同学们，想到这些，你有什么感想呢？

六年前，我们依偎着爸爸妈妈，怀着对学校的憧憬、对老师的敬仰走进校园。绿草如茵的操场，窗明几净的教室，天真烂漫的同学，和蔼可亲的老师，散发着油墨香气的课本，一切都是那样诱人。六年的学习生活多像一幅五彩斑斓的画卷！每天清晨，我们迎着朝阳跨进学校的大门，沉寂了一夜的校园，顿时荡漾起我们的欢声笑语。上课铃响了，我们飞快地跑进教室。在课堂上，我们听得专心、读得动情、议得热烈，就像棵棵幼苗尽情地吮吸着知识的甘泉。六年过去了，我们在这里茁壮成长。我们学到了不少知识和技能，懂得了怎样做人，更感受到了童年的欢乐和幸福。母校啊母校，这些都是您给予我们的精神财富，我们怎么能忘记！

——原苏教版第十二册语文教科书课文《明天，我们毕业》

心 动行动

在小学生活中，我们有许多幸福的经历。让我们乘上"时光机"，闭上眼睛，伴随音乐跟着老师的引导开始我们的幸福回顾。

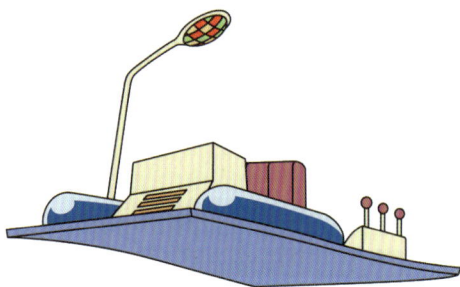

你是不是想到了很多美好的事情？做一下自己的成长记录吧！

我的成长记录

把你的幸福经历讲给同组的小伙伴们听，让大家分享你的快乐。

"六一"国际儿童节那天，我戴上了红领巾……

一年级报名那天，我看到了亲爱的老师，我心里充满喜悦……

足球比赛，我们班获得了第一名……

小学生活中有那么多的美好。我们不断长大，即将进入初中。初中在你心目中是什么样子的，请画一画。

彩绘初中

用你喜欢的几个词语来描述你了解的初中，并与同学们交流你的看法。

成长

点 亮心灯

推荐阅读《为你自己读书》。

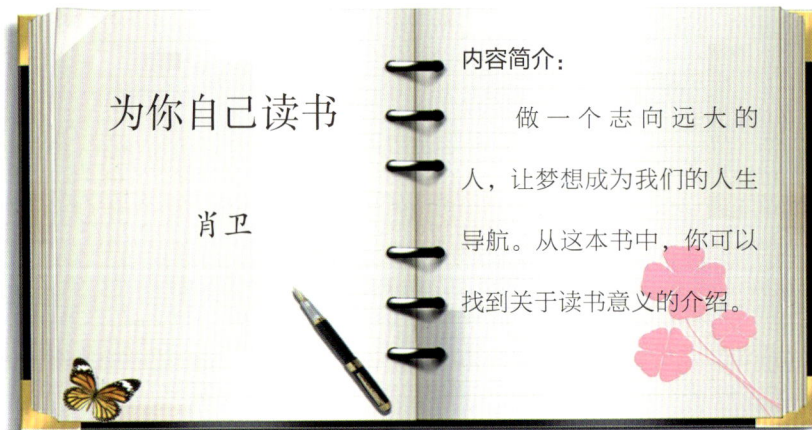

为你自己读书

肖卫

内容简介：

做一个志向远大的人，让梦想成为我们的人生导航。从这本书中，你可以找到关于读书意义的介绍。

读书是成长的阶梯，读书能够改变命运。做一个有远大志向的人吧，用积极的心态对待周围的一切。读读这本书，你会豁然开朗。分组交流读书感想，让大家分享你的成长快乐。

幸福锦囊

　　六年的学习生活就像一幅五彩斑斓的画卷，有紧张，有忙碌，有挫折，同时也有快乐，有收获，有幸福。当我们面对生活中的困惑而不开心的时候，想想给予我们关怀的老师、同学和亲人们，想想生活的美好，勇敢地面对所遇到的问题，一切终将变成美好的回忆。

　　永远拥有友善的心灵。

　　永远追求高尚的境界。

　　永远坚守美好的梦想。

舒 心生活

　　与小学的自己说再见，与初中的自己对话，给初中的自己写一封信。一年后，当你成为真正的初中生时，再读一读这封信，看看又有什么新的认识！

我写的信

第二课　性别平等

世界上有男有女，男女生理结构、社会分工、身份定位等各不相同。

妈妈，累吗？我给您捶捶背！

真是妈妈的好女儿

男孩的性格比较坚强

有担当的男孩更优秀！

我是爸妈的守护神！　我是爸妈的小棉袄！

男生、女生各有什么特点，有什么不一样呢？

你是怎么看待男孩和女孩的？说说你的看法。

形象特点：　　　　　　　　　　形象特点：

性格特点：　　　　　　　　　　性格特点：

职业方向：　　　　　　　　　　职业方向：

心　动行动

看看下面这些图，你想到了什么？

男女平等

那么，男孩好还是女孩好呢？

好

目前我国已经形成了以《中华人民共和国宪法》为依据，以《中华人民共和国妇女权益保障法》为主体，包括其他法律法规在内的保障妇女权益、促进男女平等的法律体系，这是男女平等基本国策的法律依据。

7

开展一次有趣的"新"性别、"心"体验活动，体验不同性别的特点。活动后，你会有什么收获呢？

体验妈妈角色

体验爸爸角色

女性很细心，对所要做的事情想得很周到……

男性力气大，能做很多体力活，比较辛苦……

点 亮心灯

《男生女生》是面向青少年的综合性校园杂志，适合12～24岁的读者阅读。读一读《男生女生》这本杂志吧！

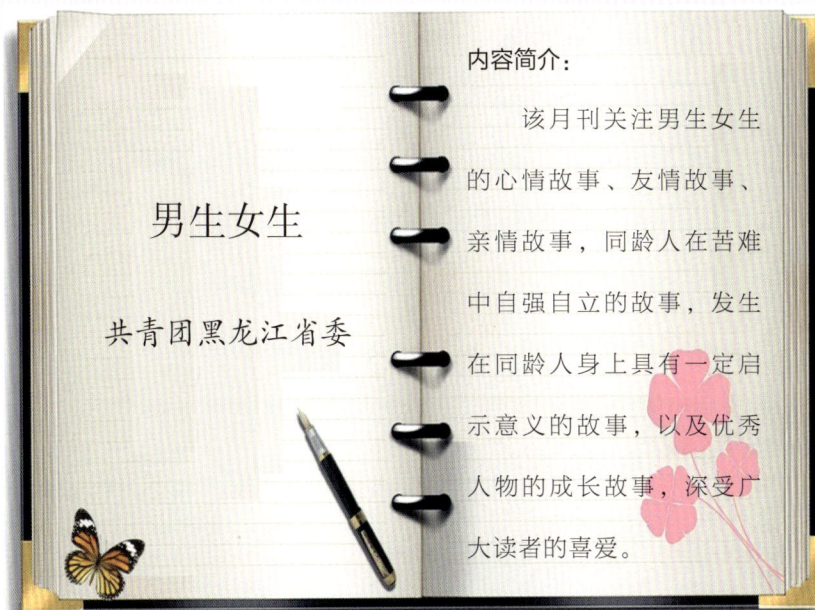

内容简介：

　　该月刊关注男生女生的心情故事、友情故事、亲情故事，同龄人在苦难中自强自立的故事，发生在同龄人身上具有一定启示意义的故事，以及优秀人物的成长故事，深受广大读者的喜爱。

男生女生

共青团黑龙江省委

幸福锦囊

娉娉袅袅十三余，豆蔻梢头二月初。

春风十里扬州路，卷上珠帘总不如。

　　　　——〔唐〕杜牧《赠别二首》

君子怀幽趣，谦恭礼乐才。

经心皆识见，书史尽通该。

　　　　——〔宋〕宋太宗《缘识》

男性、女性各有特点，各有各的优势，无论是在法律上还是在生活中，大家都是平等的，无强弱、高低、尊卑之分。大家相互欣赏、相互学习、互尊互爱，就会共同进步。

舒 心生活

同学们，大家发现了吗？我们的名字中，姓氏大都是随父亲的，少有随母亲的。我国古代，女性嫁人之后，她的姓氏要随夫，被称为××氏。

这是不是男女不平等？让我们举行一场辩论会，讨论一下吧！

我方观点

第 三 课 如何与异性同学交往

拨 动心弦

丽丽的烦心事

自从升入六年级以后，丽丽遇到了一件烦心事儿，一直和她无话不说的好朋友亮亮，有时和她说起话来吞吞吐吐的，有时又好像故意疏远她……

> 下课找你聊天，你怎么好像故意躲着我呢？

> 我们都是六年级的学生了，不再是小孩子啦！男女有别，要保持距离。

> 原来他们正在为怎样与异性同学交往而烦恼呢。你有这方面的烦恼吗？我们应怎样与异性同学交往呢？

44厘米

11

心 动行动

写写自己的烦恼，把它们投进"烦恼回收站"。

女生烦恼回收站

男生烦恼回收站

我们一起来处理这些烦恼。女生帮助男生，男生帮助女生，谈谈彼此真实的想法。

其实，我们男生也想给你们女生留下好印象，但是不知道怎么做……

有时感觉男生对我们女生很不礼貌……

走进生活小剧场，我们来化解这些烦恼。

生活小剧场

（一）

班长小明因"五一"国际劳动节的班级活动找劳动委员小丽商量。为了保密，也为了给同学们一个惊喜，他们把商量的地点选在了学校的小花园里，不料被班里的一个女同学看见了。两人回到教室后，他们发现同学们议论纷纷。面对这样的情景，两人不知道如何是好。

议一议，演一演，帮帮这两位同学。

生活小剧场

（二）

一天放学时突然下起了大雨，没有带伞的小丽站在校门口焦急万分。这时，和她同路的同班男同学小刚打着伞走了过来……

你是小刚的话，你会怎么做？

结合刚才进行的活动想一想，清空"烦恼回收站"的"按钮"应有哪一些呢？请你标注出来。

👉 对异性同学动手动脚　　👉 关心帮助异性同学

👉 在异性同学面前自然大方　　👉 冷言冷语　互相取笑

👉 不交流　不接触　不合作　　👉 尊重彼此　举止端庄

👉

心动心得

　　和异性同学交往时要自然、大方，相互尊重，相互关心，相互帮助；言谈举止要庄重文雅，最好保持群体模式或公开模式。这样，男女同学之间的友谊之树一定会枝繁叶茂、硕果累累。

点亮心灯

美美地读一读，静静地品一品。

总铭记青春时光，更难忘绿意同窗。

相逢是笑，相知是妙。

笑在青春年少，妙在岁月迢遥。

——汪国真（当代诗人、书画家）

我们男生和她们女生

谷应

内容简介：

　　分为"元谋人"的牙齿、墨儿宝贝儿、好好生病、"海豚号"在起锚、我们男生和她们女生、院里那帮小丫头等部分，讲述了孩子视角下的有趣生活。

这是一本很有趣的书，读一读，品味一下童年时男女同学们在一起的快乐时光。简单的我们和真挚的友情就像雨后的天空，干干净净，阳光明媚。

幸福锦囊

纯洁的友谊是幸福与力量的源泉，友谊的花朵永远芬芳着你我他。愿大家把这份纯洁美好的友谊，永远留在自己幸福的记忆中；也愿这份纯洁美好的友谊，永远充盈在你未来的悠悠岁月中……

舒 心生活

主动邀请你欣赏的异性朋友拍一张照片，留住你们珍贵的童年记忆吧！

请你在友谊卡上写一句最真挚的祝福语，送给你最想感谢的异性朋友。

友谊卡

第四课　知识是什么

拨动心弦

人们常说"知识就是力量""学习改变生活，知识改变命运"，我们每天都在学习知识。

防震减灾科普知识宣传

我 爱 阅 读

冬季预防传染病小报

到底什么是知识呢？

心 动行动

看看汉字的演变，找找相关信息，谈谈你对"知""识"的认识。

𢇛　知　識　识

小链接

知识也是人类在实践中认识客观世界（包括人类自身）的成果，知识的获取涉及许多复杂的过程：感觉、交流、推理等。

"什么是知识"这个问题激发了世界上众多伟大思想家的兴趣。我们也来做个小小思想家，拿起画笔画一画。在你的认识中，知识是什么颜色的？为什么？

知识又像什么呢？让我们一起讨论一下。

知识藏在哪里呢？分小组讨论一下，共同制作一张有趣的"知识之图"！

知识是浩瀚的大海，我们学习知识有很多种方法，把你的方法放到"知识宝库"中吧！

知识宝库

点亮心灯

阅读是获得知识的好方法。请你读一读《十万个为什么》，从中获得更多的知识！

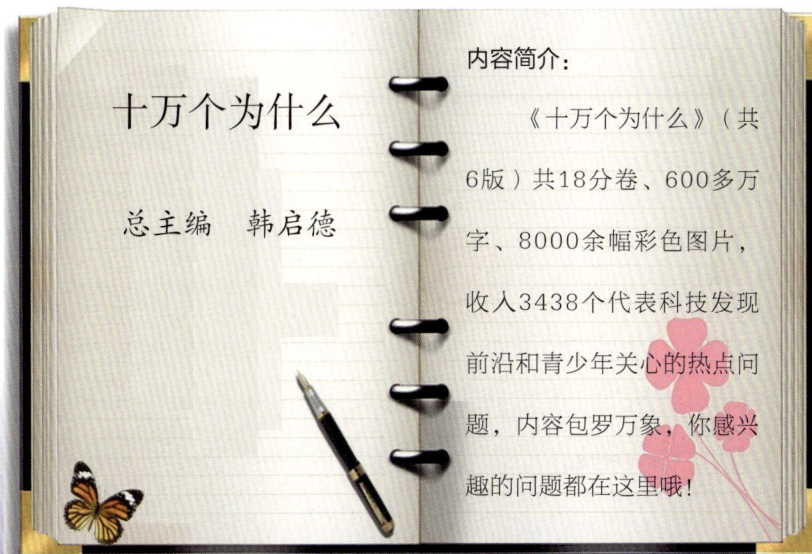

十万个为什么

总主编 韩启德

内容简介：

《十万个为什么》（共6版）共18分卷、600多万字、8000余幅彩色图片，收入3438个代表科技发现前沿和青少年关心的热点问题，内容包罗万象，你感兴趣的问题都在这里哦！

知识是在不断变化、不断发展的，所以我们在学习时要保持热情、不断进取，使知识成为促进成长的力量。相信大家一定会用知识创造美好的未来。请你读读下面的小文章，细细体会其中的含义。

知识就是力量，学习点亮人生

联合国教科文组织提出："终身学习是21世纪的生存概念。"

我们所处的时代是一个知识爆炸的新时代，未来的文盲不再是不识字的人，而是没有学会怎样学习的人。学习力决定创造力，创造力决定竞争力，竞争力决定前途、决定命运。无论一个国家、一个民族还是一个人，都必须注重学习，学以立德，学以增智，学以致用。

孔夫子年十五而志于学，发愤忘食，乐而忘忧；苏秦读书欲睡，引锥自刺其股，血流至足；韩愈少始知学，口不绝吟于六艺，手不停披于百家之编；贫民出身的美国总统林肯，《资本论》的作者马克思，在沙皇的监狱里仍然坚持读书的列宁，他们都在用自己的成长历程和人生经历诠释着一个道理：知识就是力量，学习点亮人生。

小学的教室里，我们学习了"玉不琢不成器，人不学不知义"的道理；中学的课堂上，我们立下了"发奋识遍天下字，立志读尽人间书"的志向；大学的校园里，我们将坚定"长风破浪会有时，直挂云帆济沧海"的信心。今天，在充满竞争的社会大熔炉里，在知识爆炸的时代大环境中，我们必须也只能抱定一个信念："知识就是力量，学习点亮人生。"

"问渠那得清如许，为有源头活水来。"我们要适应新时代的要求，就必须不断进行知识更新，坚持学习，坚持终身学习。

学习是一种生活态度。通过不断的学习、不断的积累，使学习真正成为一种生活方式，将学习看作同空气和水一样重要，我们就能享受到学习的快乐、收获到成功的喜悦，就不会觉得学习辛苦，更不会觉得学习是负担。

学习还是一种精神追求。每天读两小时书靠习惯，月月如此靠责任，年年如此靠追求。腹有诗书气自华。当我们把学习当作一种精神追求时，就找到了开启心智的钥匙，就找到了点亮人生的明灯。

"吾生也有涯，而知也无涯。"唯有学习，才能让我们的眼睛变得明亮而深邃；唯有学习，才能让我们的行动变得理智而富有创新；唯有知识，才能使我们充满力量；唯有学习，才能点亮我们的人生。

知识就是力量，学习点亮人生。

幸福锦囊

知识就是力量，学习点亮人生。而真正拥有知识，指的是你能把所学知识理解消化，然后还能去灵活地应用它。知识在经实践验证、综合应用后，才有真正的价值。在生活中，我们要努力做到知行合一，让自己成为真正拥有知识的人。

舒心生活

绘制一棵自己的"知识树"，让自己在未来的日子里茁壮成长！

第 五 课　我和学习交朋友

拨 动心弦

　　"少而好学，如日出之阳；壮而好学，如日中之光；老而好学，如炳烛之明。"学无止境，一个人应"活到老学到老"。养成终身学习的习惯，可以使我们紧跟时代的步伐，成就优秀的自己。因此，赶快和学习交个朋友吧！

　　同学们，你是怎么看待学习的？

心 动行动

我心中的学习

请用手中的彩笔描绘一下你心中的学习。

每个人对学习的认识不同，你心中的学习是什么样的？说一说，让小伙伴们分享你的看法吧。

学习是块大石头，总压着我。

学习像颗闪光的宝石，吸引着我。

"学习"，我希望和你成为好朋友……

我也愿意和"学习"成为朋友，我想请"学习"帮我更快地进步……

做个有意思的游戏：请你扮演你自己，也扮演"学习"，来一场和"学习"的心灵对话吧！

你发现学习的魅力了吗？怎么才能和学习交朋友呢？

不要排斥学习，要主动发现学习带给自己的乐趣。

每天都要自觉学习，给自己订一个小目标……

做一个记录表，随时记录学习的收获。

请把你与学习交友的小秘籍写出来，与同学们交流分享。

与学习交友小秘籍

点 亮心灯

转换一下学习态度，变换一下学习方式，可能会让你爱上学习哦！读读下面这本书，读读自己的收获。

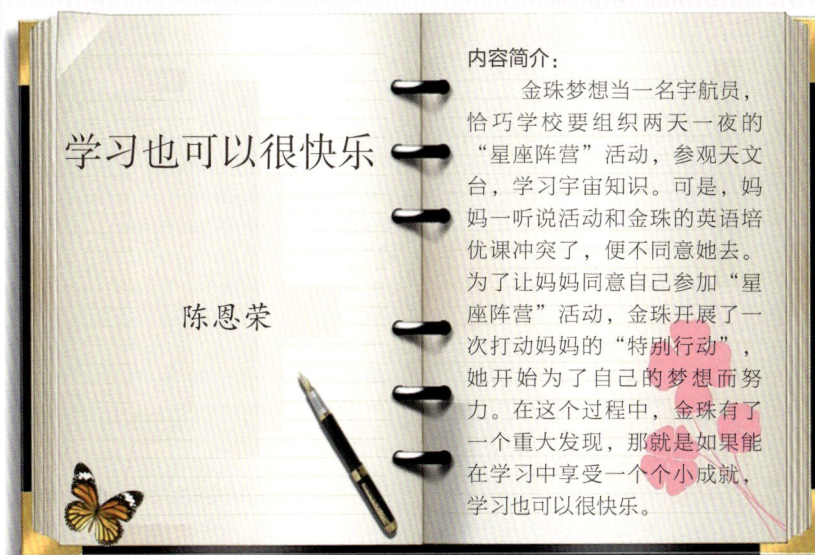

学习也可以很快乐

陈恩荣

内容简介：

　　金珠梦想当一名宇航员，恰巧学校要组织两天一夜的"星座阵营"活动，参观天文台，学习宇宙知识。可是，妈妈一听说活动和金珠的英语培优课冲突了，便不同意她去。为了让妈妈同意自己参加"星座阵营"活动，金珠开展了一次打动妈妈的"特别行动"，她开始为了自己的梦想而努力。在这个过程中，金珠有了一个重大发现，那就是如果能在学习中享受一个个小成就，学习也可以很快乐。

　　从古至今，流传着很多关于学习的小故事，从中我们可以看出端正的学习态度是学习的基础。而我国向来崇尚勤奋努力。读读这些小故事，体会应如何学习！

中华成语故事

《凿壁偷光》　　　　　《闻鸡起舞》

《囊萤映雪》　　　　　《悬梁刺股》

《手不释卷》　　　　　《韦编三绝》

　　……

 幸福锦囊

发奋识遍天下字，立志读尽人间书。　　——苏轼

三人行，必有我师焉；择其善者而从之，其不善者而改之。

———《论语·述而》

聪明在于学习，天才在于积累。所谓天才，实际上是依靠学习。

———华罗庚

读书是学习，使用也是学习，而且是更重要的学习。

———毛泽东

学习要有三心，一信心，二决心，三恒心。———陈景润

舒 心生活

座右铭本指古人写出来放在座位右边的格言，后泛指人们激励、告诫自己，作为行动指南的格言。历史上，许多中外名人都有自己的座右铭。请你找一句关于学习的名言，作为自己的座右铭。

激励自己努力学习的座右铭

我的座右铭：＿＿＿＿＿＿＿＿＿＿＿＿＿＿＿＿＿

＿＿＿＿＿＿＿＿＿＿＿＿＿＿＿＿＿

学生：＿＿＿＿＿＿＿

第 六 课　思维导图助成长

同学们，你们了解思维导图吗？它有什么特点，又有什么作用呢？

思维导图又叫作心智导图，是表达发散性思维的有效图形思维工具。思维导图运用图文并重的技巧，把各级主题之间的关系用相互隶属与相关的层级图表现出来，利用主题关键词与图像、颜色等建立记忆链接，根据记忆、阅读、思维的规律，协助人们在科学与艺术、逻辑与想象之间平衡发展。

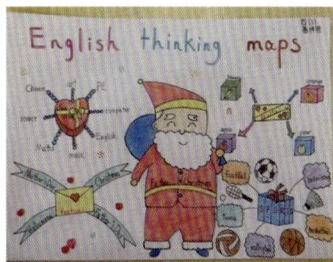

平时学习的时候，我用过这样的方法。另外，我也查阅了相关资料，知道了什么是思维导图。

心 动行动

我们不妨用思维导图来了解什么是思维导图。

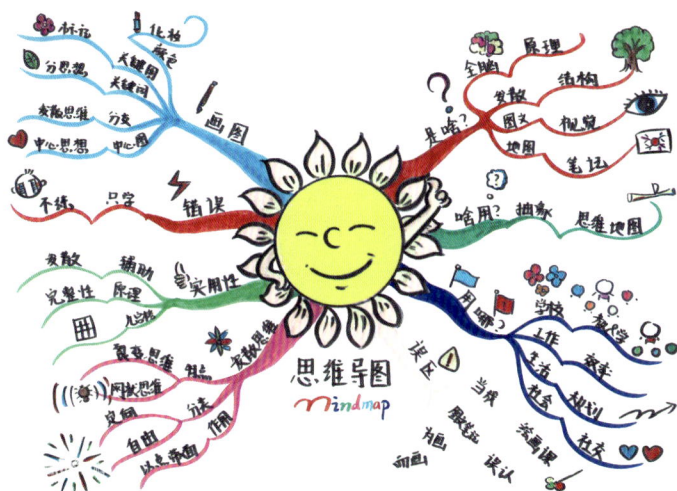

思维导图还有很多种表现形式，你喜欢其中的哪一种呢？

环形导图	树形导图	泡泡型导图	双泡泡型导图
	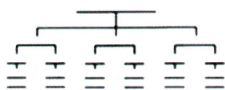		
（在上下文中使用）	（用于分类和分组）	（为避免使用形容词）	（用于比较和对比）

流水型导图	复式流水型导图	支撑型导图	桥型导图
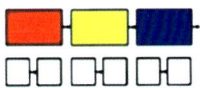	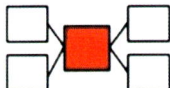		
（用于排序）	（原因和影响）	（分析整个物体和零件）	（为了看到类比）

右图所示是煜煜在写《自我介绍》这篇习作前绘制的思维导图。平日的学习中，你有没有像煜煜这样利用思维导图来帮助自己学习？

我用思维导图梳理数学知识点。

看完一本书之后，我喜欢用思维导图呈现书的主要内容和人物关系。

这是我绘制的介绍学校的思维导图。

我经常利用思维导图整理单词。这样归类，我能更快地记住单词。

交流了那么多思维导图，你有什么收获？其实，思维导图就是你思维过程的呈现。接下来，请制作一份对你有帮助的思维导图吧！

点 亮心灯

王禹婷是大连市一名小学六年级的学生。她从2018年的3月5日到6月12日，共绘制了100幅思维导图帮助自己学习知识。这期间，她不仅收获了好的学习方法和学习习惯，更收获了坚持不懈的好品质。让我们来看看她绘制的几幅思维导图吧。

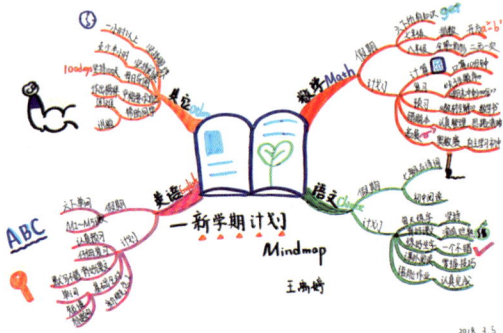

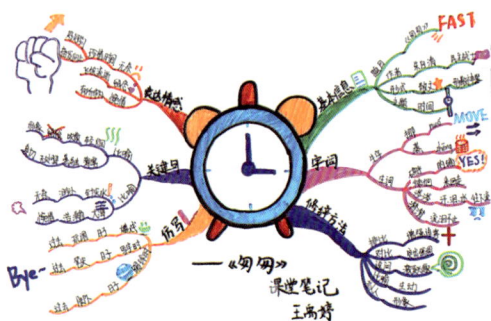

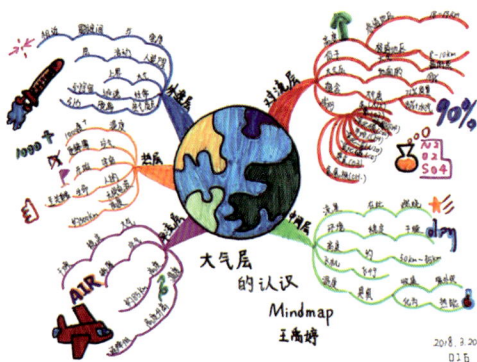

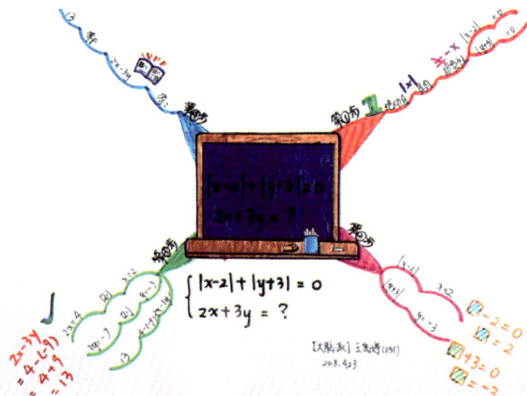

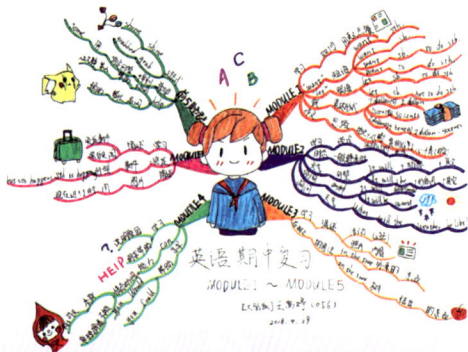

大家可以通过网络搜索，了解更多的思维导图。

幸福锦囊

思维导图可以帮助我们理清写作思路、梳理知识、激发思维，还可以帮助我们做很多事情，提高我们的学习和生活效率。

舒心生活

我们可以用思维导图进行成长规划。举行一次"思维导图成长展"，为我们成长能力的提升点个赞吧！

第七课 面对长辈的唠叨

生活中，长辈对我们疼爱有加，嘱咐好好学习，嘱咐好好吃饭，嘱咐好好睡觉……唯恐关怀不到位，而我们大多时候却受不了长辈的唠叨。

多吃点，长得胖才好啊！

和你说多少遍了，不能浪费时间。

又在磨蹭，快去学习……

学习的时候，要专心，别三心二意的。

别唠叨了，烦死了！

同学们，你的父母或者其他长辈平日里唠叨你吗？面对唠叨，你有什么反应？

心 动行动

和小组同学一起开展"心灵剧场"活动，小组成员轮流扮演"孩子"和"家长"。每位同学分别用不同的方式进行表演，并给"孩子"出主意。

通过体验式表演，你了解爸爸、妈妈的心情了吗？在未来的生活中，你计划如何对待长辈的唠叨呢？讨论一下！

我知道长辈都是为我好，所以我理解他们。如果有些地方我做得不好，我会努力去做好。这样做，相信爸爸、妈妈的唠叨也会越来越少。

当我们自己的想法、做法与长辈的愿望不一致时，该怎么办呢？

遇到长辈唠叨时，你是怎么积极处理的？请把你的好办法写出来。

我的好办法：
_____
_____
_____
_____
_____

点 亮心灯

父亲的唠叨

王亚林

伴随着父亲的唠叨，一颗幼嫩的心，
渐渐地发芽，渐渐地成熟， 渐渐地……
也就读懂了父亲的唠叨。

孩提时，父亲的唠叨 ，
如春风细雨，丝丝入耳 ，是一种言听计从 。
长大了，步入了青年，父亲的唠叨，
有时候是一种忠言逆耳，伴杂着自由思想的叛逆。

中年了，渐渐地感悟了，父亲的唠叨，

其实是一剂良方，句句入心，照亮着自己前行的征途。

我想，等自己老了，父亲的唠叨，

一定是温馨的回味，永远温暖心底。

这是一首温馨的诗歌，读一读，感悟长辈的"唠叨"。

推荐绘本，轻松阅读。

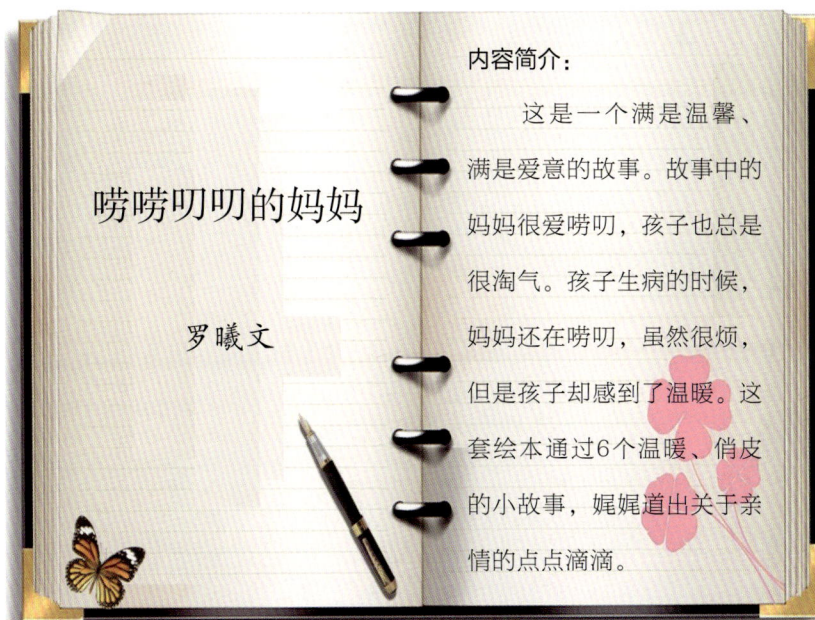

唠唠叨叨的妈妈

罗曦文

内容简介：

这是一个满是温馨、满是爱意的故事。故事中的妈妈很爱唠叨，孩子也总是很淘气。孩子生病的时候，妈妈还在唠叨，虽然很烦，但是孩子却感到了温暖。这套绘本通过6个温暖、俏皮的小故事，娓娓道出关于亲情的点点滴滴。

幸福锦囊

长辈的唠叨，其实是长辈对孩子的一种殷切希望和关心，只不过化作言语时有可能不太恰当。在生活中，我们听不进长辈的唠叨，有自己的想法，这也很正常，说明我们正在成长。但如果我们能以平和的心境面对长辈的关心，则会产生一种积极上进的情绪。所以我们要多与家长沟通。当长辈唠叨时我们要向长辈解释一下自己的行为，同时还要体谅长辈的良苦用心，用我们对长辈的爱化解唠叨带来的烦恼。

舒 心生活

重新感受家长的唠叨，给自己的爸爸或者妈妈写一封信。

唠叨是浓浓的关爱
唠叨是温暖的呵护
唠叨是亲情的附加
......

第八课 自由是什么

围绕自由这个话题，同学们表达了各自的观点。

在家里，爸爸、妈妈管我们；在学校里，老师管我们；即使在大街上，我们还要遵守一定的规则……真是一点自由也没有。

我觉得自由就是想说什么就说什么，想干什么就干什么。

有边界才有秩序，守底线才享自由。我觉得规则和管束是为了让我们自由。

你同意谁的观点，你认为自由是什么？

心 动行动

看图说话，谈谈自由。

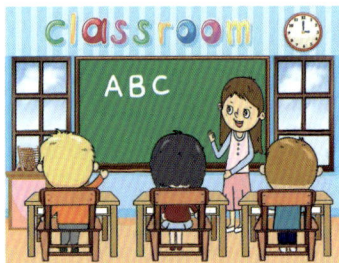

"海阔凭鱼跃，天高任鸟飞"表达了人们对自由的无限向往，大家都希望能够按照自己的意愿自由自在地生活。一个人真能想干什么就干什么吗？让我们一起来一次"头脑风暴"吧。

不能，有时我很想像鸟儿一样自由飞翔，可这只能是想想而已；有时，我想吃很多美食，但又怕自己长胖。

能，因为我很听话，没有非分之想，也守规矩。我很清楚自己想要干什么、能够干什么。

心动心得

　　也许你认为，能做任何自己想做的事情那才是真正的自由。可是，我们的生活是有规则的，不能想做什么就做什么，何况也总有一些事情我们想做但做不到。我们要学会在规则之下生活，那样才会享受到真正的自由。

别人会限制你的自由吗？讨论一下。

不会。有了别人的帮助，我才能把事情做得更好，会感到自由。

不会。爱我的人总是给我自由。

会。爸爸、妈妈和老师总要我们做这做那。

心动心得

　　我们还是未成年人，需要父母的监护、师长的教导，他们是爱我们的。这些爱带着规则，带着引导，带着教育。正确地看待这些"条条框框"，试着去理解别人对你的"限制"，你会发现，其实自由不是"无法无天"，自由是规则下的独立和自主。

大人是不是更自由呢？长大以后我们就自由了吗？

是的，只有长大了才能自己说了算，长大了也就什么都不怕了。

我……

不是。因为自由是每个人都享有的权利，我觉得现在就很自由，我已经很满足了。

心动心得

作为一个成年人，他们对社会、家庭有着更多的责任，很多时候他们看起来并不自由，但是他们对自由的理解更深刻、更丰富。大人和孩子自由的方式是不一样的。我们要学会享受自由，开心每一刻。

点 亮心灯

推荐阅读，再次体会"自由是什么"。

自由，是什么

〔法国〕奥斯卡·伯尼菲

内容简介：

这本书引导小读者们理解什么是自由，懂得要想在生活中自由地成长和发展就要适应社会对每个人的要求的道理，学会共处，学会倾听。只有这样，每个人才能在生活中获得真正的自由。

幸福锦囊

一个人只要宣称自己是自由的，就会同时感到他是受限制的。如果你敢于宣称自己是受限制的，你就会感到自己是自由的。 ——歌德

没有自由的秩序和没有秩序的自由，同样具有破坏性。 ——西奥多·罗斯福

自由就是做法律所许可的一切事情的权利。

——孟德斯鸠

天下无纯粹之自由，亦无纯粹之不自由。

——章炳麟

为了享有自由，我们必须控制自己。

——任尔夫

舒心生活

自由快乐，人皆向往。自由快乐的人，多是什么样的人呢？请你做一个小调查。

遵纪守法，严于律己，增长本领，豁达阳光……我们才会享受自由生活。请绘制你的自由生活图。

我的小调查

我的自由生活图